Cup Cakes

DOCES TENTAÇÕES

V&R EDITORAS

Sumário

Assando cupcakes

Cupcakes são divertidos e apetitosos. E, quando muito bem decorados, são um banquete para os olhos! São perfeitos para a escola e para as festinhas das crianças, para acompanhar um café e até mesmo para uma festa de casamento. Disponha-os em uma bela bandeja. Não coloque uns sobre os outros, ou ficarão arruinados. Você também pode usar suportes próprios para cupcakes. O arranjo compõe um visual bonito e impressionante.

Os cupcakes podem ser assados previamente e então congelados sem cobertura. Dessa forma, você sempre terá alguns disponíveis e prontos para servir. Lembre-se de que os cupcakes congelados necessitam pelo menos 2-3 horas para descongelar. As forminhas não podem ser finas demais, ou acabarão rasgando no processo de congelamento.

UTENSÍLIOS

Os itens mais importantes para fazer cupcakes são as assadeiras para *muffins* ou cupcakes e as forminhas de papel ou de silicone. Para um melhor resultado, as forminhas devem ficar bem firmes na assadeira. Escolha forminhas de boa qualidade para que os cupcakes não deformem ao assar.

Além disso, uma balança e uma grelha para apoiar os cupcakes enquanto esfriam são fundamentais. Medir os ingredientes de maneira imprecisa pode tornar a receita um desastre.

Os sacos de confeiteiro com tamanhos de bico variados também são essenciais. Os descartáveis podem ser jogados no lixo após o uso e não precisam ser lavados. Outra vantagem dos sacos descartáveis é que você pode simplesmente cortar a ponta para que fique do tamanho desejado, sem precisar de bicos diferentes.

Você também pode usar cortadores de biscoitos para confeccionar confeitos rápidos e fáceis com marzipã ou pasta americana.

INGREDIENTES

Os cupcakes convencionais são feitos de uma mistura de manteiga, ovos, farinha de trigo com fermento e açúcar. Na próxima página, você encontra a quantidade exata de cada ingrediente e instruções para preparar cupcakes deliciosos.

Esses são os ingredientes básicos. Você pode variá-los e modificá-los como desejar. Por exemplo, acrescente cacau em pó para fazer cupcakes de chocolate ou uma colher de chá de raspas de limão para um sabor mais cítrico.

A manteiga, de preferência sem sal, deve estar em temperatura ambiente.

Use açúcar comum. Algumas receitas pedem açúcar mascavo ou açúcar demerara. Não entre em pânico se não tiver nenhum dos dois na despensa: todos eles, com a exceção do açúcar de confeiteiro, podem ser substituídos por outros tipos de açúcar. O açúcar de confeiteiro só é usado para fazer coberturas.

Os ovos, de tamanho médio, também devem estar em temperatura ambiente. O glacê de claras é feito com ovos crus. Esse glacê não é adequado para gestantes, crianças pequenas ou idosos.

Use farinha de trigo com fermento. Se não tiver, use farinha de trigo comum e misture um pouco de fermento em pó.

Receita básica de cupcak

INGREDIENTES PARA 12 CUPCAKES

125 g de manteiga em temperatura ambiente

125 g de açúcar

2 ovos

125 g de farinha de trigo com fermento peneirada

2 colheres de sopa de leite

PREPARO

Coloque as forminhas para cupcakes na assadeira e pré-aqueça o forno a 190ºC. Bata a manteiga e o açúcar na batedeira até obter uma consistência leve e fofa. Junte os ovos, a farinha com fermento e o leite. Bata até a massa ficar leve e macia.

Divida a massa nas forminhas e asse os cupcakes no forno pré-aquecido por 10-12 minutos, até crescerem, ficarem dourados e firmes ao toque. Retire as forminhas da assadeira e deixe esfriar sobre uma grelha.

Para fazer cupcakes de chocolate, acrescente à receita básica 3 colheres de sopa de cacau em pó peneirado e reduza para 100 g a quantidade de farinha de trigo com fermento.

Para fazer cupcakes de limão, acrescente as raspas e o suco de 1 limão-siciliano à receita básica e não adicione o leite.

Coberturas

CREME DE MANTEIGA SABOR BAUNILHA

175 g de manteiga em temperatura ambiente
350 g de açúcar de confeiteiro
3 colheres de sopa de água fervente
algumas gotas de essência de baunilha

Bata a manteiga na batedeira até ficar cremosa, acrescente o açúcar de confeiteiro, a água e a essência de baunilha. Continue batendo até obter uma consistência macia, mas firme. Para colorir o creme de manteiga, apenas adicione algumas gotas do corante alimentício de sua preferência. Para fazer creme de manteiga sabor chocolate, acrescente 4 colheres de sopa de cacau em pó peneirado.

CREME DE MANTEIGA DE MERENGUE

50 ml de água
150 g de açúcar
3 claras
250 g de manteiga em temperatura ambiente
gotas de essência de baunilha

Coloque a água e 125 g de açúcar para ferver, mexendo sempre. Usando um pincel de cozinha umedecido, pressione os cristais de açúcar contra o fundo. Quando o líquido levantar fervura, pare de mexer e deixe ferver por mais 5 minutos. Bata as claras na batedeira até obter uma consistência parcialmente firme, e acrescente o açúcar restante. Bata até o açúcar se dissolver. Com cuidado, junte a calda açucarada às claras e bata até a mistura amornar (7-9 minutos). Acrescente a manteiga e a essência de baunilha e bata rapidamente até incorporar.

Glacês

GLACÊ DE CLARAS

2 claras

350-500 g de açúcar de confeiteiro

Bata as claras na batedeira e incorpore o açúcar aos poucos, até engrossar a mistura. Bata na velocidade mínima por 10 minutos para que o glacê fique leve. Dependendo da finalidade, é possível deixar o glacê mais ou menos encorpado, para facilitar o uso ao confeitar. Para colorir, adicione algumas gotas do corante alimentício de sua preferência.

GLACÊ DE AÇÚCAR

250-300 g de açúcar de confeiteiro peneirado

2-4 colheres de sopa de água

Coloque o açúcar de confeiteiro na batedeira e incorpore a água aos poucos, batendo sempre. Dependendo da finalidade, é possível deixar o glacê mais ou menos encorpado, para facilitar o uso ao confeitar. Para colorir, adicione algumas gotas do corante alimentício de sua preferência.

GLACÊ ACETINADO

45 g de gordura vegetal
4 colheres de sopa de suco de limão-siciliano

350 g de açúcar de confeiteiro
1-3 colheres de sopa de água quente

Derreta a gordura vegetal em uma panela e retire do fogo. Acrescente o suco de limão e metade do açúcar de confeiteiro. Devolva a panela ao fogo e, depois que levantar fervura, deixe a mistura ferver por mais 1 minuto. Novamente, retire a panela do fogo e adicione o restante do açúcar de confeiteiro. Coloque água suficiente para obter uma consistência espessa, mas ainda líquida. Espalhe o glacê diretamente sobre os cupcakes. Para colorir, adicione algumas gotas do corante alimentício de sua preferência.

GLACÊ DE CARAMELO

100 g de manteiga derretida
125 g de leite condensado
50 g de açúcar
1 colher de sopa de xarope de bordo

Coloque a manteiga derretida em uma panela e junte o leite condensado, o açúcar e o xarope de bordo. Deixe cozinhar por 5-6 minutos, mexendo sempre. Retire a panela do fogo e deixe o glacê esfriar, para que adquira uma consistência um pouco mais espessa e própria para cobertura. Esse glacê tem um tom naturalmente dourado.

Cupcake de chocolate com ganache de chocolate

INGREDIENTES PARA12 CUPCAKES

125 g de manteiga em temperatura ambiente

125 g de açúcar

2 ovos

100 g de farinha de trigo com fermento peneirada

3 colheres de sopa de cacau em pó peneirado

INGREDIENTES PARA O GANACHE

275 ml de creme de leite fresco

1 colher de sopa de glucose líquida

200 g de chocolate amargo em pedaços

PREPARO

Primeiro, prepare o ganache, porque precisa esfriar. Ferva o creme de leite em uma panela e retire do fogo. Misture a glucose líquida e o chocolate. Continue mexendo até o chocolate derreter completamente. O ganache pode ser despejado ainda quente sobre os cupcakes, mas para esta receita precisa ter consistência própria para cobertura. Por isso, deixe esfriar. Se ficar espesso demais, reaqueça em fogo brando para que recobre a fluidez.

Prepare os cupcakes com os ingredientes da lista, seguindo a receita básica. Retire as forminhas da assadeira e deixe esfriar sobre uma grelha. Espalhe o ganache sobre os cupcakes e, se desejar, decore com confeitos para bolo.

Cupcake com cobertura azul

INGREDIENTES PARA 12 CUPCAKES

125 g de manteiga em temperatura ambiente

125 g de açúcar

2 ovos

125 g de farinha de trigo com fermento peneirada

2 colheres de sopa de leite

1 ½ colher de sopa de cacau em pó peneirado

INGREDIENTES PARA A COBERTURA

250-300 g de açúcar de confeiteiro peneirado

2-4 colheres de chá de água

corante alimentício azul

confeitos para bolo

PREPARO

Asse os cupcakes com os ingredientes da lista, seguindo a receita básica. Retire as forminhas da assadeira e deixe esfriar sobre uma grelha.

Para o glacê, coloque o açúcar de confeiteiro em uma tigela e incorpore a água aos poucos. A cobertura deve ficar um pouco firme para que seja mais fácil de usar ao confeitar. Acrescente algumas gotas de corante alimentício azul. Coloque a cobertura em um saco de confeiteiro com bico serra. Faça uma espiral espessa de cobertura sobre cada cupcake. Decore com confeitos para bolo.

Cupcake de canela

INGREDIENTES PARA12 CUPCAKES

125 g de manteiga em temperatura ambiente

125 g de açúcar

2 ovos

125 g de farinha de trigo com fermento peneirada

2 colheres de chá de canela em pó

INGREDIENTES PARA O CREME DE CANELA

175 g de manteiga em temperatura ambiente

350 g de açúcar de confeiteiro

3 colheres de sopa de água fervente

gotas de essência de baunilha

1 colher de sopa de cacau em pó peneirado

2 colheres de chá de canela em pó

PREPARO

Prepare os cupcakes com os ingredientes da lista, seguindo a receita básica. Retire as forminhas da assadeira e deixe esfriar sobre uma grelha. Para o creme de canela, bata a manteiga até obter uma consistência cremosa, e então acrescente o açúcar, a água, a baunilha, o cacau e a canela. Continue batendo até obter uma consistência macia, mas firme. Coloque a cobertura em um saco de confeiteiro com bico serra. Faça uma espiral espessa de cobertura sobre cada cupcake. Polvilhe com canela, se desejar.

Decorando com flores de açúcar

O BÁSICO

Primeiro, abra a pasta americana ou o marzipã de modo que a massa fique bem fina. Corte discos que se encaixem sobre os cupcakes. Espalhe uma fina camada de geleia sobre os cupcakes para firmar os discos. Você também pode cobrir ou confeitar com o glacê de sua preferência. As pp. 7-9 mostram vários exemplos. Agora, os cupcakes estão prontos para serem decorados com as flores.

FLORES RÁPIDAS

Use cortadores em forma de flor de diferentes tamanhos. Sobre uma tábua enfarinhada com fécula de batata, abra a pasta americana ou o marzipã bem fino. Corte as flores e prenda-as com um pouco de água ou cola comestível aos cupcakes já com a cobertura. As flores feitas de pasta americana não podem ser colocadas diretamente no glacê ou no creme de manteiga porque podem derreter. Prenda-as em uma base de pasta americana ou de marzipã.

FLORES QUE LEVAM UM POUCO MAIS DE TEMPO

Use cortadores em forma de flor para recortar flores de pasta americana e coloque-as sobre uma esponja limpa. Usando um boleador, curve as bordas das flores. Acomode as flores nas cavidades de uma caixa de ovos para que fiquem no formato curvo e endureçam. Prossiga com a decoração conforme descrito acima.

DESENHANDO FOLHAS E FLORES

Estas requerem certa prática, mas com o tempo ficam perfeitas. Prepare um glacê firme que seja fácil de usar ao confeitar, mas que não desmorone. Você pode criar uma ou mais cores usando corantes alimentícios. Coloque a cobertura em um saco de confeiteiro com bico número 2D. Segure o saco erguido e pressione o bico contra um pedaço de papel vegetal. Aperte o saco até a cobertura sair, mas mantenha o bico contra o papel vegetal. Puxe o saco para trás e para cima em um único movimento. Faça uma pequena bola de cobertura no centro da flor usando um bico número 3. Deixe as flores endurecerem e use-as para decorar os cupcakes mais tarde. Para fazer uma espiral em forma de flor, você pode inclinar ligeiramente o saco de confeiteiro enquanto desenha a flor. Para desenhar folhas, use bicos números 352, 366 e 367. Se você as fizer próximas umas das outras sobre os cupcakes, ficarão parecendo uma única flor grande.

FAZENDO ROSAS

Misture bem a pasta americana ou o marzipã e crie 12 bolas de igual tamanho. Pressione-as para achatá-las, e então crie pétalas de rosas. Faça o centro da rosa em forma de cone. Mantenha-o para cima. Umedeça a base de cada pétala e comece com as primeiras duas pétalas. Estas são moldadas próximas ao centro em forma de cone, para formar o miolo. A terceira pétala é moldada mais frouxamente, para que a rosa fique um pouco aberta. As quatro pétalas seguintes são presas umas às outras e colocadas junto às três primeiras pétalas. Repita essa operação com as últimas cinco pétalas. Dobre as pétalas externas para trás, dando forma à rosa. Decore os cupcakes com as rosas.

Cupcake de laranja e limão

INGREDIENTES PARA 12 CUPCAKES

125 g de manteiga
em temperatura ambiente
125 g de açúcar
125 g de farinha de trigo
com fermento peneirada
2 ovos
raspas e suco de ½ laranja
raspas e suco de ½ limão-siciliano

INGREDIENTES PARA A COBERTURA DE QUEIJO CREMOSO

300 g de queijo cremoso
(de preferência o tradicional)
3-4 colheres de sopa de
açúcar de confeiteiro
raspas e suco de ½ laranja
6 pedaços de casca
de limão cristalizada
6 pedaços de casca
de laranja cristalizada
raspas e suco de ½ limão-siciliano

PREPARO

Prepare os cupcakes com os ingredientes da lista, seguindo a receita básica. Divida a massa em duas porções. Misture as raspas e o suco de limão em metade da massa e as raspas e o suco de laranja na outra metade. Asse-os. Retire as forminhas da assadeira e deixe esfriar sobre uma grelha. Para a cobertura, misture o queijo e o açúcar. Divida a mistura em duas porções iguais. Acrescente as raspas e o suco de limão a uma metade da cobertura e as raspas e do suco de laranja à outra metade. Use o saco de confeiteiro para fazer uma espiral de queijo cremoso sobre cada cupcake e decore com as cascas cristalizadas.

Cupcake decorado com biscoito de gengibre

INGREDIENTES PARA 12 CUPCAKES

2 ovos
125 g de açúcar
125 g de manteiga em temperatura ambiente
100 g de farinha de trigo com fermento peneirada
2 colheres de chá de mix de canela, noz-moscada, cravo-da-índia e gengibre

INGREDIENTES PARA O BISCOITO DE GENGIBRE

50 g de açúcar
1 pitada de sal
½ colher de chá de gengibre em pó
125 g de farinha de trigo peneirada
1 colher de sopa de calda de gengibre
100 g de manteiga amolecida
1 colher de chá de mix de canela, noz-moscada, cravo-da-índia e gengibre

INGREDIENTES PARA O CREME DE BAUNILHA

175 g de manteiga em temperatura ambiente
350 g de açúcar de confeiteiro
gotas de essência de baunilha
3 colheres de sopa de água fervente

PREPARO

Para os cupcakes, siga a receita básica. Para os biscoitos, bata todos os ingredientes, exceto a farinha. Em seguida, acrescente a farinha aos poucos. Abra a massa com uma espessura de 0,5 cm. Corte as figuras do boneco na massa. Pré-aqueça o forno a 175°C. Distribua os biscoitos pela assadeira. Abaixe a temperatura para 150°C e asse por 30 minutos, até ficarem dourados. Prepare o creme de manteiga (p. 7) e faça uma espiral sobre cada cupcake. Finalize com um boneco de biscoito.

Cupcake com cobertura de rosas

INGREDIENTES PARA 12 CUPCAKES

125 g de manteiga em temperatura ambiente

125 g de açúcar

2 ovos

125 g de farinha de trigo com fermento

2 colheres de sopa de xarope de rosas

INGREDIENTES PARA O CREME DE MANTEIGA COM SABOR DE ROSAS

50 ml de água

150 g de açúcar

3 claras

250 g de manteiga em temperatura ambiente

2 colheres de sopa de xarope de rosas

gotas de essência de rosas

corante alimentício cor-de-rosa

12 rosas de pasta americana ou marzipã

PREPARO

Asse os cupcakes com os ingredientes da lista, siga a receita básica. Retire as forminhas da assadeira e deixe esfriar sobre uma grelha. Prepare o creme de manteiga como descrito na p. 7. Acrescente a manteiga, o xarope e a essência de rosas. Bata até incorporar e acrescente algumas gotas de corante e misture. Com um saco de confeiteiro com bico serra, faça uma espiral sobre cada cupcake. Decore com uma rosa e uma folha.

Cupcake úmido de cenoura com cobertura de merengue

INGREDIENTES PARA 12 CUPCAKES

100 g de farinha de trigo com fermento peneirada
½ colher de chá de fermento em pó
1 colher de sopa de mix de canela, noz-moscada, cravo-da-índia e gengibre
60 g de açúcar
1 cenoura ralada
125 ml de leite
1 ovo
2 colheres de sopa de óleo de girassol

INGREDIENTES PARA A COBERTURA DE MERENGUE

50 ml de água
3 claras
gotas de essência de baunilha
150 g de açúcar
250 g de manteiga

PREPARO

Coloque as forminhas para cupcakes na assadeira e pré-aqueça o forno a 190ºC. Misture a farinha, o fermento e as especiarias em uma tigela. Junte o açúcar e a cenoura. Em outra tigela, misture o leite, o ovo e o óleo. Acrescente à mistura de farinha. Divida a massa nas forminhas de cupcake e asse. Retire as forminhas da assadeira e deixe esfriar sobre uma grelha. Prepare a cobertura conforme descrito na p. 7 e aplique sobre os cupcakes utilizando o saco de confeiteiro. Se desejar, você pode fazer cenouras de marzipã para decorar.

Cupcake de chocolate e menta

INGREDIENTES PARA 12 CUPCAKES

125 g de manteiga em temperatura ambiente

125 g de açúcar

2 ovos

100 g de farinha de trigo com fermento peneirada

3 colheres de sopa de cacau em pó peneirado

gotas de essência de menta

INGREDIENTES PARA O CREME DE MENTA

175 g de manteiga em temperatura ambiente

350 g de açúcar de confeiteiro

3 colheres de sopa de água fervente

gotas de essência de menta

gotas de corante alimentício verde

PREPARO

Asse os cupcakes com os ingredientes da lista, seguindo a receita básica. Retire as forminhas da assadeira e deixe esfriar sobre uma grelha.

Para o creme, bata a manteiga na batedeira até ficar cremosa. Acrescente o açúcar de confeiteiro, a água e a essência de menta. Continue batendo até obter uma consistência macia, mas firme. Adicione o corante até obter o tom exato. Coloque a cobertura em um saco de confeiteiro com bico perlê e cubra os cupcakes. Decore com raspas de chocolate, se desejar.

Cupcake de avelã com calda caramelada

INGREDIENTES PARA 12 CUPCAKES

150 g de farinha de trigo com fermento peneirada

50 g de avelãs

125 g de manteiga em temperatura ambiente

150 g de açúcar mascavo

3 ovos

1 colher de chá de fermento em pó

INGREDIENTES PARA A CALDA CARAMELADA

200 g de açúcar

4 colheres de sopa de água

PREPARO

Asse os cupcakes com os ingredientes da lista, seguindo a receita básica. Retire as forminhas da assadeira e deixe esfriar sobre uma grelha.

Para a calda caramelada, misture o açúcar e a água em uma panela. Leve ao fogo médio e não mexa. Deixe o açúcar dissolver e caramelizar um pouco. Assim que ficar dourado, tire a panela do fogo e mexa.

Despeje a calda caramelada sobre os cupcakes já assados.

Cupcake de maçã e nozes

INGREDIENTES PARA 12 CUPCAKES

125 g de manteiga em temperatura ambiente
125 g de açúcar mascavo
2 ovos
125 g de farinha de trigo com fermento peneirada
1 maçã descascada e cortada em pedaços pequenos

INGREDIENTES PARA AS NOZES-PECÃ

1 clara
100 g de açúcar
75 g de manteiga derretida
2 colheres de sopa de mix de canela, noz-moscada, cravo-da-índia, gengibre
nozes-pecã para decorar

INGREDIENTES PARA O GLACÊ DE CLARAS

2 claras
350-500 g de acúcar de confeiteiro

PREPARO

Para os cupcakes, siga a receita básica. Retire as forminhas e deixe esfriar. Para as nozes-pecã, bata a clara e junte o açúcar, a manteiga e o mix de especiarias. Acrescente as nozes e coloque em uma assadeira forrada com papel-manteiga. Leve ao forno a 190°C por 10 minutos, até ficarem crocantes. Deixe esfriar. Para o glacê, bata as claras na batedeira e incorpore o açúcar aos poucos. Bata na velocidade mínima por 10 minutos para que fique leve. Espalhe o glacê sobre os cupcakes e finalize com as nozes-pecã.

Cupcakes para festas infantis

BONECO DE NEVE
2 claras
350-500 g de açúcar de confeiteiro

Faça todas as cores de glacê seguindo a receita básica da página 8. Espalhe o azul sobre os cupcakes e deixe endurecer. Coloque cada cor de glacê em um saco de confeiteiro descartável e corte a ponta. Confeite um boneco de neve sobre cada cupcake. Decore com um cachecol verde e um chapéu marrom com fita vermelha. Faça os olhos, a boca e os botões. Polvilhe açúcar cristal sobre o boneco de neve para criar o efeito de gelo.

CUPCAKE DE HALLOWEEN COM ARANHAS*
2 claras
350-500 g de açúcar de confeiteiro
corante alimentício laranja e preto

Prepare o glacê laranja e espalhe sobre os cupcakes. Decore com aranhas de brinquedo. Crie um efeito ainda mais repugnante desenhando uma teia de aranha com o glacê preto sobre o glacê laranja.

* ver foto na p. 36.

CARINHA FELIZ

2 claras

350-500 g de açúcar de confeiteiro

corante alimentício amarelo e preto

Prepare os glacês amarelo e preto. Espalhe o glacê amarelo sobre os cupcakes e deixe endurecer. Desenhe os detalhes com o glacê preto.

CUPCAKE DE PÁSCOA

2 claras

350-500 g de açúcar de confeiteiro

corante alimentício verde

pasta americana ou marzipã

Prepare o glacê verde e desenhe grama sobre cada cupcake fazendo movimentos curtos, rápidos e precisos com o saco de confeiteiro. Molde ovos coloridos enrolando pasta americana ou marzipã e os acomode sobre o gramado. Para obter um efeito bonito, passe os ovos em um pouco de açúcar cristal.

CUPCAKE MONSTRO

1 receita de ganache [p. 10]

chocolate granulado

alcaçuz sortido

tiras de alcaçuz

Cubra os cupcakes com o ganache e depois com chocolate granulado e acrescente dois pedaços de alcaçuz sortido no lugar dos olhos. Espete pedaços de tiras de alcaçuz nas bordas do cupcake para finalizar.

Cupcake de chocolate com cobertura de morango

INGREDIENTES PARA 12 CUPCAKES

125 g de manteiga em temperatura ambiente

125 g de açúcar

2 ovos

100 g de farinha de trigo com fermento peneirada

3 colheres de sopa de cacau em pó peneirado

INGREDIENTES PARA O CREME DE MANTEIGA SABOR MORANGO

175 g de manteiga em temperatura ambiente

350 g de açúcar de confeiteiro

3 colheres de sopa de água fervente

gotas de essência de morango

gotas de corante alimentício vermelho vivo

PREPARO

Asse os cupcakes com os ingredientes da lista, seguindo a receita básica. Retire as forminhas da assadeira e deixe esfriar sobre uma grelha. Para o creme, bata a manteiga na batedeira até ficar cremosa, e acrescente o açúcar de confeiteiro, a água e a essência de morango. Continue batendo até obter uma consistência macia, mas firme. Adicione o corante até obter o tom exato. Coloque a cobertura em um saco de confeiteiro com bico perlê e cubra os cupcakes. Decore com confeitos de bolinha e uma folha de glacê.

Cupcake de limão com creme de baunilha

INGREDIENTES PARA 12 CUPCAKES

125 g de manteiga
em temperatura ambiente
125 g de farinha de trigo
com fermento peneirada
125 g de açúcar
2 ovos
raspas e suco de 1 limão-siciliano

INGREDIENTES PARA O CREME DE BAUNILHA

500 ml de leite
raspas de limão ½ limão siciliano
½ fava de baunilha aberta ao meio,
sem as sementes
4 gemas
3 colheres de sopa
de amido de milho
125 g de açúcar
12 framboesas

PREPARO

Faça os cupcakes seguindo a receita básica e asse-os. Retire as forminhas da assadeira e deixe esfriar sobre uma grelha.

Para o creme, leve o leite, as raspas de limão e a fava de baunilha ao fogo e deixe ferver por 10 minutos. Bata as gemas com o amido de milho até formar uma mistura branca e cremosa. Coe o leite e acrescente cerca de 50 ml à mistura de gemas. Junte essa mistura ao leite restante e o açúcar. Mantenha em fogo baixo por aproximadamente 8 minutos e bata até formar um creme espesso. Deixe o creme esfriar, coloque em um saco de confeiteiro com bico serra. Faça lindas espirais sobre os cupcakes e decore com uma framboesa, raspas de chocolate e confeitos para bolo.

Cupcake integral com passas

INGREDIENTES PARA 12 CUPCAKES

125 g de manteiga em temperatura ambiente

125 g de açúcar

2 ovos

125 g de farinha de trigo integral

1 colher de sopa de farelo de trigo

50 g de passas escuras

PREPARO

Asse os cupcakes com os ingredientes da lista, seguindo a receita básica. Retire as forminhas da assadeira e deixe esfriar sobre uma grelha. Polvilhe com farelo de trigo e acrescente as uvas-passas.

Cupcake romântico

INGREDIENTES PARA 12 CUPCAKES

200 g de manteiga
em temperatura ambiente
300 g de açúcar
2 ovos
350 g de farinha
de trigo peneirada
50 g de amido de milho
1 colher de chá de
bicarbonato de sódio
1 colher de sopa de
essência de baunilha
1 colher de chá de vinagre de maçã
1 pitada de sal
2 colheres de sopa de cacau em pó
1 ½ colher de sopa de
corante alimentício vermelho
240 ml de iogurte desnatado
uma pitada de sal

INGREDIENTES PARA O GLACÊ CREMOSO DE BAUNILHA

45 g de farinha de trigo
240 ml de leite
200 g de açúcar
200 g de manteiga
em temperatura ambiente
5 ml de essência de baunilha

PREPARO

Misture a manteiga, o açúcar e os ovos. Junte o iogurte, a farinha e o amido de milho à massa, aos poucos. Misture o bicarbonato de sódio com a essência de baunilha e o vinagre e acrescente à mistura. Adicione o restante dos ingredientes e misture. Para o glacê, coloque a farinha e o leite em uma panela mexendo sempre. Deixe ferver por 15 minutos e deixe esfriar. Bata o açúcar e a manteiga na batedeira, acrescente a essência de baunilha e junte à mistura de leite já fria. Bata por 5 minutos na velocidade máxima. Cubra e leve à geladeira por 15 minutos. Coloque o glacê em um saco de confeiteiro e faça espirais suaves sobre os cupcakes.

Bolo e cupcakes para ocasiões especiais

INGREDIENTES PARA O BOLO (24 CM DE DIÂMETRO)

5 ovos
150 g de açúcar
1 sachê de açúcar de baunilha
125 g de farinha de trigo peneirada
25 g de amido de milho
1 colher de sopa de chá-verde em pó (matcha)
1 pitada de sal

INGREDIENTES PARA O RECHEIO E A DECORAÇÃO

½ porção de creme de baunilha (*ver p. 40*)
250 ml de chantili firme
2 colheres de sopa de geleia de morango
1 porção de creme de manteiga sabor baunilha (*ver p. 7*)
açúcar de confeiteiro
500 g de pasta americana ou marzipã cor-de-rosa
175 g de manteiga em temperatura ambiente

PREPARAÇÃO

Pré-aqueça o fogo a 185°C. Junte os ovos, o açúcar e o açúcar de baunilha em uma tigela. Coloque a tigela em um recipiente com água quente. Bata os ingredientes até que o açúcar esteja completamente dissolvido e a mistura esteja leve e aerada. Com cuidado, adicione a farinha, o amido de milho, o chá verde em pó e o sal, e coloque a mistura em uma forma para bolo. Asse por aproximadamente 45 minutos. Deixe esfriar e desenforme. Quando o bolo estiver completamente frio, divida em 3-4 camadas.

>>

>>

Misture o creme de baunilha, o chantili e a geleia. Com o saco de confeiteiro, coloque um pouco de creme de manteiga na borda de cada camada de bolo. Isso manterá o recheio no lugar. Espalhe uma quantidade generosa da mistura de chantili e geleia sobre cada camada, mas não deixe ultrapassar a altura do creme de manteiga. Posicione as camadas com firmeza uma sobre a outra. Espalhe o restante do creme de manteiga generosamente sobre o bolo.

Leve o bolo à geladeira por 15 minutos. Espalhe outra camada de creme de manteiga sobre o bolo e tente deixar bem liso. Quanto mais liso o creme de manteiga, com mais firmeza a pasta americana ou o marzipã se ajustará ao bolo. Polvilhe a superfície de trabalho com açúcar de confeiteiro e abra a pasta americana com cuidado. Dobre metade da pasta americana sobre o rolo de massa e levante delicadamente. A cobertura deve cair exatamente sobre o bolo. Alise de baixo para cima para que todas as dobras desapareçam. Corte o excesso e decore como desejar. Para os cupcakes, siga a receita básica, acrescentando uma colher de sopa de chá verde em pó. Cubra e decore combinando com o estilo do bolo.

Edição: Flavia Lago
Editora-assistente: Marcia Alves
Texto e receitas: Francis van Arkel, NutriVisie
Tradução: Janaína Marcoantonio e Flavia Souto
Preparação: Elisa Martins
Revisão: Bia Nunes de Sousa
Fotografia: Marielle Leenders
www.shutterstock.com

Layout e design: Studio ImageBooks
Diagramação: Juliana Pellegrini
Título original: *Cupcakes: zoete verleidingen*

Rua Cel. Lisboa, 989 | Vila Mariana
CEP 04020-041 | São Paulo | SP
Tel.| Fax: (+55 11) 4612-2866
editoras@vreditoras.com.br

ISBN 978-85-7683-706-0

Impresso na China • Printed in China

Conheça-nos melhor em
vreditoras.com.br
facebook.com/vreditorasbr

Dados Internacionais de Catalogação na Publicação (CIP)
(Câmara Brasileira do Livro, SP, Brasil)

Cupcakes : doces tentações / Francis van Arkel, NutriVisie; traduzido por Janaína Marcoantonio e Flavia Souto. -- São Paulo : Vergara & Riba Editoras, 2014.
Título original: Cupcakes : Zoete Verleidingen.
ISBN 978-85-7683-706-0
1. Cupcakes (Culinária) 2. Receitas I. Arkel, Francis van. II. NutriVisie.
14-03515 CDD-641.5

Índices para catálogo sistemático:
1. Cupcakes : Receitas : Culinária : Economia doméstica 641.5

Sua opinião é muito importa
Mande um e-mail para
opiniao@vreditoras.com.br
com o título deste livro no campo "Assunto".